IMMIGRATION INDIA
AI-012/GOI 012
17 AUG 2013
ARRIVAL
DABOLIM AIRPORT

IMMIGRATION OFFICE
★ VISA ★
HEATHROW
03 FEB 201
✈ LONDON

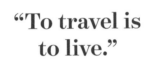

"To travel is to live."

-Hans Christian Andersen

1

JANUARY

20___ • _____

_____

_____

_____

_____

20___ • _____

_____

_____

_____

_____

20___ • _____

_____

_____

_____

_____

Where is your PARADISE?

2
JANUARY

20 __ ♦ _____
_____
_____
_____
_____
_____

20 __ ♦ _____
_____
_____
_____
_____
_____

20 __ ♦ _____
_____
_____
_____
_____
_____

3

JANUARY

What is the most important LESSON that you have learned while traveling?

20___ • _____

_____

_____

_____

_____

20___ • _____

_____

_____

_____

_____

20___ • _____

_____

_____

_____

_____

Where have you had the BEST CUP OF COFFEE?

JANUARY

20___ ◆ _____

_____

_____

_____

_____

20___ ◆ _____

_____

_____

_____

_____

20___ ◆ _____

_____

_____

_____

_____

5

JANUARY

Which **NEW PLACE** have you recently explored?

20___ • _____

_____

_____

_____

_____

20___ • _____

_____

_____

_____

_____

20___ • _____

_____

_____

_____

_____

What are the top three things on your **PACKING LIST?**

JANUARY

20__ • _____

_____

_____

_____

_____

20__ • _____

_____

_____

_____

_____

20__ • _____

_____

_____

_____

_____

7

JANUARY

**Which LANGUAGE would
you like to learn?**

20 __ • _____

_____

_____

_____

_____

20 __ • _____

_____

_____

_____

_____

20 __ • _____

_____

_____

_____

_____

_____

How many **STAMPS** do you have in your passport?

JANUARY

20 __ • _____

_____

_____

_____

_____

_____

20 __ • _____

_____

_____

_____

_____

_____

20 __ • _____

_____

_____

_____

_____

_____

9

JANUARY

What is your next TRAVEL DESTINATION and why?

20___ • _____

_____

_____

_____

_____

_____

20___ • _____

_____

_____

_____

_____

_____

20___ • _____

_____

_____

_____

_____

_____

What is the most interesting SOUVENIR that you have ever brought back from one of your holidays?

10

JANUARY

20___ • _____

_____

_____

_____

_____

20___ • _____

_____

_____

_____

_____

20___ • _____

_____

_____

_____

_____

11

JANUARY

Describe your SURROUNDINGS
in five words.

20___ ◆ _____

_____

_____

_____

_____

_____

20___ ◆ _____

_____

_____

_____

_____

_____

20___ ◆ _____

_____

_____

_____

_____

_____

Do you prefer active or relaxing HOLIDAYS? Why?

JANUARY

20___ • _____

_____

_____

_____

_____

20___ • _____

_____

_____

_____

_____

20___ • _____

_____

_____

_____

_____

13

JANUARY

Was there a place you wanted to
LEAVE as fast as possible?

20___ • _____

_____

_____

_____

_____

_____

20___ • _____

_____

_____

_____

_____

_____

20___ • _____

_____

_____

_____

_____

_____

What is one thing you always FORGET to pack?

14

JANUARY

20__ ♦ _____

_____

_____

_____

_____

20__ ♦ _____

_____

_____

_____

_____

20__ ♦ _____

_____

_____

_____

_____

15
JANUARY

Where is HOME?

20___ • _____
_____
_____
_____
_____
_____

20___ • _____
_____
_____
_____
_____
_____

20___ • _____
_____
_____
_____
_____
_____

What was the last MUSEUM you went to?

16

20__ • _____

_____

_____

_____

_____

20__ • _____

_____

_____

_____

_____

20__ • _____

_____

_____

_____

_____

17

JANUARY

Who do you go to for
TRAVEL ADVICE?

20 __ • _____

_____

_____

_____

_____

_____

20 __ • _____

_____

_____

_____

_____

_____

20 __ • _____

_____

_____

_____

_____

_____

What is your preferred mode of TRANSPORTATION?

JANUARY

20___ • _____

_____

_____

_____

_____

_____

20___ • _____

_____

_____

_____

_____

_____

20___ • _____

_____

_____

_____

_____

_____

19

JANUARY

Where is your favorite CAFÉ?

20__ • _____

_____

_____

_____

_____

_____

20__ • _____

_____

_____

_____

_____

_____

20__ • _____

_____

_____

_____

_____

_____

How many LANGUAGES do you speak? Is there one you would especially like to learn?

JANUARY

20___ • _____

_____

_____

_____

_____

20___ • _____

_____

_____

_____

_____

20___ • _____

_____

_____

_____

_____

21

JANUARY

**Do you prefer traveling to warm
or cold CLIMATES?**

20___ •

20___ •

20___ •

What is the most **EXOTIC FOOD** that you have eaten?

JANUARY

20 __ ◆ _____

_____

_____

_____

_____

20 __ ◆ _____

_____

_____

_____

_____

20 __ ◆ _____

_____

_____

_____

_____

23

JANUARY

Where was the best place that you celebrated a BIRTHDAY?

20___ • _____

_____

_____

_____

_____

_____

20___ • _____

_____

_____

_____

_____

_____

20___ • _____

_____

_____

_____

_____

_____

Do you prefer a paper MAP or an electronic map?

24

JANUARY

20 __ • _____

_____

_____

_____

_____

20 __ • _____

_____

_____

_____

_____

20 __ • _____

_____

_____

_____

_____

25

JANUARY

What do you do on
LONG COMMUTES?

20___ • _____

_____

_____

_____

_____

20___ • _____

_____

_____

_____

_____

20___ • _____

_____

_____

_____

_____

Do you **PLAN** everything or fly by the seat of your pants?

20 ___ • _____

_____

_____

_____

_____

_____

20 ___ • _____

_____

_____

_____

_____

_____

20 ___ • _____

_____

_____

_____

_____

_____

27

JANUARY

Wi-Fi or CONNECTING with nature?

20 __ • _____

_____

_____

_____

_____

_____

20 __ • _____

_____

_____

_____

_____

_____

20 __ • _____

_____

_____

_____

_____

_____

Do you have enough TIME OFF to travel?

20___ • _____

_____

_____

_____

_____

_____

20___ • _____

_____

_____

_____

_____

_____

20___ • _____

_____

_____

_____

_____

_____

29

JANUARY

**Where was the last time you felt
AT PEACE away from home?**

20___ • _____

_____

_____

_____

_____

20___ • _____

_____

_____

_____

_____

20___ • _____

_____

_____

_____

_____

Which PERSON do you ADORE but would never travel with? Why is this the case?

JANUARY

20___ • _____

_____

_____

_____

_____

20___ • _____

_____

_____

_____

_____

20___ • _____

_____

_____

_____

_____

31

JANUARY

Write down your ideal **AIRPLANE MEAL**.

20___ • _____

_____

_____

_____

_____

20___ • _____

_____

_____

_____

_____

20___ • _____

_____

_____

_____

_____

What is the **HIGHEST ALTITUDE** you've reached?

1

FEBRUARY

20 __ • _____

_____

_____

_____

_____

_____

20 __ • _____

_____

_____

_____

_____

_____

20 __ • _____

_____

_____

_____

_____

_____

2

FEBRUARY

What **FOOD** reminds you of home?

20___ • _____

_____

_____

_____

_____

20___ • _____

_____

_____

_____

_____

20___ • _____

_____

_____

_____

_____

On what DEVICE do you take photos?

3

FEBRUARY

20__ • _____

_____

_____

_____

_____

20__ • _____

_____

_____

_____

_____

20__ • _____

_____

_____

_____

_____

FEBRUARY

What was the last **MONUMENT** you visited?

20 ___ • _____

_____

_____

_____

_____

20 ___ • _____

_____

_____

_____

_____

20 ___ • _____

_____

_____

_____

_____

Do you prefer **READING** or **WRITING** when on the road?

FEBRUARY

20___ • _____

_____

_____

_____

_____

_____

20___ • _____

_____

_____

_____

_____

_____

20___ • _____

_____

_____

_____

_____

_____

6

FEBRUARY

What do you MISS the most while traveling?

20__ ◆ _____

_____

_____

_____

_____

_____

20__ ◆ _____

_____

_____

_____

_____

_____

20__ ◆ _____

_____

_____

_____

_____

_____

Describe a favorite WALK in your neighborhood.

FEBRUARY

20___ • _____

_____

_____

_____

_____

20___ • _____

_____

_____

_____

_____

20___ • _____

_____

_____

_____

_____

8

FEBRUARY

Write down a meaningful QUOTE about traveling.

20___ • _____

_____

_____

_____

_____

20___ • _____

_____

_____

_____

_____

20___ • _____

_____

_____

_____

_____

Where have you had the best PIZZA?

FEBRUARY

20__ • _____

_____

_____

_____

_____

20__ • _____

_____

_____

_____

_____

20__ • _____

_____

_____

_____

_____

10
FEBRUARY

What is the most exciting ANIMAL that you have seen in nature?

20___ • _____

_____

_____

_____

_____

20___ • _____

_____

_____

_____

_____

20___ • _____

_____

_____

_____

_____

Do you ever travel ALONE?
Why or why not?

FEBRUARY

20___ • _____

_____

_____

_____

_____

_____

20___ • _____

_____

_____

_____

_____

_____

20___ • _____

_____

_____

_____

_____

_____

FEBRUARY

Would you consider LIVING ABROAD?
If so, where?

20___ • _____

_____

_____

_____

_____

20___ • _____

_____

_____

_____

_____

20___ • _____

_____

_____

_____

_____

What was your most LIFE-CHANGING trip so far?

FEBRUARY

20 __ • _____

_____

_____

_____

_____

20 __ • _____

_____

_____

_____

_____

20 __ • _____

_____

_____

_____

_____

14

FEBRUARY

Do you prefer the WINDOW or the AISLE seat?

20___ • _____

_____

_____

_____

_____

20___ • _____

_____

_____

_____

_____

20___ • _____

_____

_____

_____

_____

If you could travel anywhere with a RELATIVE, who and where would that be?

15

FEBRUARY

20___ •_____

_____

_____

_____

_____

20___ •_____

_____

_____

_____

_____

20___ •_____

_____

_____

_____

_____

16
FEBRUARY

Tanning or hiding from the SUN?

20___ • _____

_____

_____

_____

_____

_____

20___ • _____

_____

_____

_____

_____

_____

20___ • _____

_____

_____

_____

_____

_____

What is your favorite AIRLINE? Why?

FEBRUARY

20___ • _____

_____

_____

_____

_____

_____

20___ • _____

_____

_____

_____

_____

_____

20___ • _____

_____

_____

_____

_____

_____

18

FEBRUARY

Have you ever gotten **LOST** while traveling? What happened?

20 __ • _____

_____

_____

_____

_____

20 __ • _____

_____

_____

_____

_____

20 __ • _____

_____

_____

_____

_____

A place in my **HOMETOWN** that I want to visit:

19

FEBRUARY

20___ • _____

_____

_____

_____

_____

20___ • _____

_____

_____

_____

_____

20___ • _____

_____

_____

_____

_____

_____

20
FEBRUARY

How much LUGGAGE is ideal for you?

20___ • _____

_____

_____

_____

_____

_____

20___ • _____

_____

_____

_____

_____

_____

20___ • _____

_____

_____

_____

_____

_____

What **COUNTRY** do you want to visit next?

FEBRUARY

20 __ •

_____

_____

_____

_____

_____

20 __ •

_____

_____

_____

_____

_____

20 __ •

_____

_____

_____

_____

_____

FEBRUARY

How do you **BOOK** your vacations?

20 __ •

20 __ •

20 __ •

Train, BOAT, or airplane?

FEBRUARY

20___ • _____

_____

_____

_____

_____

_____

20___ • _____

_____

_____

_____

_____

_____

20___ • _____

_____

_____

_____

_____

_____

24

FEBRUARY

Where do you escape to when you want PEACE AND QUIET?

20___ • _____

_____

_____

_____

_____

_____

20___ • _____

_____

_____

_____

_____

_____

20___ • _____

_____

_____

_____

_____

_____

What was the last **HIKE** you went on?

25
FEBRUARY

20___ • _____

_____

_____

_____

_____

20___ • _____

_____

_____

_____

_____

20___ • _____

_____

_____

_____

_____

26

FEBRUARY

The most I have ever been
DELAYED on a trip was . . .

20___ •

20___ •

20___ •

Big **CITIES** or small **TOWNS?**

27

FEBRUARY

20___ • _____

_____

_____

_____

_____

_____

20___ • _____

_____

_____

_____

_____

_____

20___ • _____

_____

_____

_____

_____

_____

28

FEBRUARY

What was your WORST trip? Why?

20___ • _____

_____

_____

_____

_____

_____

20___ • _____

_____

_____

_____

_____

_____

20___ • _____

_____

_____

_____

_____

_____

How do you DOCUMENT your travels?

FEBRUARY

20___ • _____

_____

_____

_____

_____

20___ • _____

_____

_____

_____

_____

20___ • _____

_____

_____

_____

_____

1

MARCH

Would you drive a car with standard transmission on the OPPOSITE side of the road? If you have, what did it feel like?

20___ • _____

_____

_____

_____

_____

20___ • _____

_____

_____

_____

_____

20___ • _____

_____

_____

_____

_____

WHO would you like to travel with **NEXT**?

MARCH

20___ • _____

_____

_____

_____

_____

_____

20___ • _____

_____

_____

_____

_____

_____

20___ • _____

_____

_____

_____

_____

_____

3

MARCH

If you were stuck on an **ISLAND**, what are three things that you would bring with you?

20___ • _____

_____

_____

_____

_____

_____

20___ • _____

_____

_____

_____

_____

_____

20___ • _____

_____

_____

_____

_____

_____

What is a **FOOD** that you would love to eat again from your travels?

MARCH

4

20 __ • _____

_____

_____

_____

_____

_____

20 __ • _____

_____

_____

_____

_____

_____

20 __ • _____

_____

_____

_____

_____

_____

5
MARCH

Which place would you like to GO BACK to?

20__ • _____

_____

_____

_____

_____

20__ • _____

_____

_____

_____

_____

20__ • _____

_____

_____

_____

_____

What was your favorite FAMILY vacation?

MARCH

20 __ • _____

_____

_____

_____

_____

20 __ • _____

_____

_____

_____

_____

20 __ • _____

_____

_____

_____

_____

7

MARCH

If you won the LOTTERY, what is the first place that you would travel to?

20 _ • _____

_____

_____

_____

_____

20 _ • _____

_____

_____

_____

_____

20 _ • _____

_____

_____

_____

_____

What **WORRIES** you when traveling?
What are you afraid of?

MARCH

20___ • _____

_____

_____

_____

_____

20___ • _____

_____

_____

_____

_____

20___ • _____

_____

_____

_____

_____

9

MARCH

What was the last ROAD TRIP you took?

20___ • _____

_____

_____

_____

_____

20___ • _____

_____

_____

_____

_____

20___ • _____

_____

_____

_____

_____

If you could MOVE to any country, which would it be and why?

MARCH

20___ • _____

_____

_____

_____

_____

20___ • _____

_____

_____

_____

_____

20___ • _____

_____

_____

_____

_____

MARCH

What is your favorite
WEEKEND GETAWAY?

20 __ •

_____

20 __ •

_____

20 __ •

_____

Has your **LUGGAGE** ever been lost?
What did you do?

MARCH

20 ___ • _____

_____

_____

_____

_____

_____

20 ___ • _____

_____

_____

_____

_____

_____

20 ___ • _____

_____

_____

_____

_____

_____

13

MARCH

Where do you see yourself
RETIRING?

20___ • _____

_____

_____

_____

_____

20___ • _____

_____

_____

_____

_____

20___ • _____

_____

_____

_____

_____

Which food do you **MISS** from home while traveling?

MARCH

20___ • _____

_____

_____

_____

_____

_____

20___ • _____

_____

_____

_____

_____

_____

20___ • _____

_____

_____

_____

_____

_____

15

MARCH

How do you overcome JET LAG?

20___ •

_____

_____

_____

_____

_____

_____

20___ •

_____

_____

_____

_____

_____

_____

20___ •

_____

_____

_____

_____

_____

_____

What is the most beautiful (or last) RELIGIOUS SITE that you visited?

MARCH

20___ • _____

_____

_____

_____

_____

_____

20___ • _____

_____

_____

_____

_____

_____

20___ • _____

_____

_____

_____

_____

_____

17

MARCH

CASH or CREDIT CARD?

20___ • _____

_____

_____

_____

_____

20___ • _____

_____

_____

_____

_____

20___ • _____

_____

_____

_____

_____

What was your last WEEKEND ADVENTURE?

MARCH

20___ • _____

_____

_____

_____

_____

20___ • _____

_____

_____

_____

_____

20___ • _____

_____

_____

_____

_____

19
MARCH

Do you live for the WEEKENDS?

20___ • _____

_____

_____

_____

_____

_____

20___ • _____

_____

_____

_____

_____

_____

20___ • _____

_____

_____

_____

_____

_____

What is the most **OVERRATED** city?

20

MARCH

20 __ • _____

_____

_____

_____

_____

20 __ • _____

_____

_____

_____

_____

20 __ • _____

_____

_____

_____

_____

21

MARCH

What is the most UNDERRATED city?

20___ • _____

_____

_____

_____

_____

20___ • _____

_____

_____

_____

_____

20___ • _____

_____

_____

_____

_____

Out of the **FIVE SENSES**, which do you value the most while exploring?

MARCH

20 __ • _____

_____

_____

_____

_____

_____

20 __ • _____

_____

_____

_____

_____

_____

20 __ • _____

_____

_____

_____

_____

_____

23

MARCH

What is your favorite type of CUISINE?

20___ • _____

_____

_____

_____

_____

20___ • _____

_____

_____

_____

_____

20___ • _____

_____

_____

_____

_____

Where was the last time you had ICE CREAM?

MARCH

20___ •_____

_____

_____

_____

_____

20___ •_____

_____

_____

_____

_____

20___ •_____

_____

_____

_____

_____

25

MARCH

What is your greatest STRENGTH while traveling?

20___ • _____

_____

_____

_____

_____

20___ • _____

_____

_____

_____

_____

20___ • _____

_____

_____

_____

_____

What makes you ANXIOUS when you travel?
How do you calm down?

MARCH

20___ • _____

_____

_____

_____

_____

_____

20___ • _____

_____

_____

_____

_____

_____

20___ • _____

_____

_____

_____

_____

_____

27

MARCH

When was the last time you went CAMPING?

20___ •

20___ •

20___ •

How do you spend your **MONEY** on the road?

28
MARCH

20___ • _____

_____

_____

_____

_____

_____

20___ • _____

_____

_____

_____

_____

_____

20___ • _____

_____

_____

_____

_____

_____

29

MARCH

When was the last time you watched the SUNRISE?

20___ • _____

_____

_____

_____

_____

_____

20___ • _____

_____

_____

_____

_____

_____

20___ • _____

_____

_____

_____

_____

_____

Do you use a **BICYCLE** to get around?

30

MARCH

20__ • _____

_____

_____

_____

_____

_____

20__ • _____

_____

_____

_____

_____

_____

20__ • _____

_____

_____

_____

_____

_____

31

MARCH

What do you MISS while not traveling?

20__ • _____

_____

_____

_____

_____

20__ • _____

_____

_____

_____

_____

20__ • _____

_____

_____

_____

_____

What is an IDEAL vacation for you?

1

APRIL

20___ • _____

_____

_____

_____

_____

20___ • _____

_____

_____

_____

_____

20___ • _____

_____

_____

_____

_____

2

APRIL

On a scale from one to ten, how **ADVENTUROUS** are you?

20___ • _____

_____

_____

_____

_____

20___ • _____

_____

_____

_____

_____

20___ • _____

_____

_____

_____

_____

What was the last **CONCERT** you went to? Where was it?

APRIL

20___ ◆ _____

_____

_____

_____

_____

_____

20___ ◆ _____

_____

_____

_____

_____

_____

20___ ◆ _____

_____

_____

_____

_____

_____

APRIL

How has travel CHANGED you?

20___ • _____

_____

_____

_____

_____

_____

20___ • _____

_____

_____

_____

_____

_____

20___ • _____

_____

_____

_____

_____

_____

Where is the most **ROMANTIC** place you have visited?

APRIL

20___ • _____

_____

_____

_____

_____

20___ • _____

_____

_____

_____

_____

20___ • _____

_____

_____

_____

_____

6
APRIL

Do you prefer reading BOOKS or BLOGS to plan a vacation?

20___ • _____

_____

_____

_____

_____

_____

20___ • _____

_____

_____

_____

_____

20___ • _____

_____

_____

_____

_____

What are your biggest EXPENSES on a trip?

7
APRIL

20___ • _____

_____

_____

_____

_____

20___ • _____

_____

_____

_____

_____

20___ • _____

_____

_____

_____

_____

8

APRIL

Where do you see yourself
NEXT YEAR?

20 __ • _____

_____

_____

_____

_____

_____

20 __ • _____

_____

_____

_____

_____

_____

20 __ • _____

_____

_____

_____

_____

_____

What piece of **ADVICE** would you give to a first-time traveler?

APRIL

20___ • _____

_____

_____

_____

_____

20___ • _____

_____

_____

_____

_____

20___ • _____

_____

_____

_____

_____

10

APRIL

Have you ever been **RIPPED OFF** while traveling?

20___ • _____

_____

_____

_____

_____

20___ • _____

_____

_____

_____

_____

20___ • _____

_____

_____

_____

_____

What do you wish you did MORE of?

11

APRIL

20___ • _____

_____

_____

_____

_____

_____

20___ • _____

_____

_____

_____

_____

_____

20___ • _____

_____

_____

_____

_____

_____

12

APRIL

While traveling, do you prefer COOKING or EATING OUT?

20 __ • _____

_____

_____

_____

_____

20 __ • _____

_____

_____

_____

_____

20 __ • _____

_____

_____

_____

_____

If you were lost in the SAHARA DESERT without a map, what would you do?

13

APRIL

20__ ◆ _____

_____

_____

_____

_____

_____

20__ ◆ _____

_____

_____

_____

_____

_____

20__ ◆ _____

_____

_____

_____

_____

_____

14

APRIL

**Do you print your PHOTOS
or post them online?**

20___ • _____

_____

_____

_____

_____

20___ • _____

_____

_____

_____

_____

20___ • _____

_____

_____

_____

_____

_____

RESIDENT VISA
✈ ABD-0123 ✈

30 OCT 2017

**What would be the best SOUVENIR
for a friend to give you?**

APRIL

20___ • _____

_____

_____

_____

_____

20___ • _____

_____

_____

_____

20___ • _____

_____

_____

_____

_____

16
APRIL

What was the most EXPENSIVE TRIP you have taken?

20___ • _____

_____

_____

_____

_____

20___ • _____

_____

_____

_____

_____

20___ • _____

_____

_____

_____

_____

What is the most ADVENTUROUS THING you have done?

APRIL

20 __ • _____

_____

_____

_____

_____

20 __ • _____

_____

_____

_____

_____

20 __ • _____

_____

_____

_____

_____

18
APRIL

Have you or would you study or work ABROAD?

20___ • _____

_____

_____

_____

_____

_____

20___ • _____

_____

_____

_____

_____

_____

20___ • _____

_____

_____

_____

_____

_____

CAMPING or HOTEL?

19
APRIL

20___ • _____
_____
_____
_____
_____
_____

20___ • _____
_____
_____
_____
_____
_____

20___ • _____
_____
_____
_____
_____
_____

20
APRIL

What place do you RAVE about to people?

20__ • _____

_____

_____

_____

_____

_____

20__ • _____

_____

_____

_____

_____

_____

20__ • _____

_____

_____

_____

_____

_____

Where was the best LOCAL FOOD you have tried?

21
APRIL

20___ • _____

_____

_____

_____

_____

20___ • _____

_____

_____

_____

_____

20___ • _____

_____

_____

_____

_____

22

APRIL

Do you PREFER exploring your own country or visiting others?

20___ •_____

_____

_____

_____

_____

20___ •_____

_____

_____

_____

_____

20___ •_____

_____

_____

_____

_____

What do you think about when you hear the word "DANGEROUS"?

23

APRIL

20___ • _____

_____

_____

_____

_____

_____

20___ • _____

_____

_____

_____

_____

_____

20___ • _____

_____

_____

_____

_____

_____

24
APRIL

What comes to mind when you hear the word "UNFAMILIAR"?

20___ • _____

_____

_____

_____

_____

20___ • _____

_____

_____

_____

_____

20___ • _____

_____

_____

_____

_____

What is the most attractive ACCENT?

APRIL

20___ •

20___ •

20___ •

26
APRIL

Describe the ideal
TRAVEL PARTNER:

20 ___ • _____

_____

_____

_____

_____

_____

20 ___ • _____

_____

_____

_____

_____

_____

20 ___ • _____

_____

_____

_____

_____

_____

Have you ever gone PARTYING internationally?

APRIL

20___ • _____

_____

_____

_____

_____

_____

20___ • _____

_____

_____

_____

_____

_____

20___ • _____

_____

_____

_____

_____

_____

28

APRIL

Favorite type of international MUSIC?

20 __ • _____

_____

_____

_____

_____

_____

20 __ • _____

_____

_____

_____

_____

_____

20 __ • _____

_____

_____

_____

_____

_____

WHY do you travel?

APRIL

20___ • _____

_____

_____

_____

_____

20___ • _____

_____

_____

_____

_____

20___ • _____

_____

_____

_____

_____

30
APRIL

Do you find travel to be **COMFORTABLE** or **UNCOMFORTABLE?**

20___ • _____

_____

_____

_____

_____

_____

20___ • _____

_____

_____

_____

_____

_____

20___ • _____

_____

_____

_____

_____

_____

What is your favorite way to STAY IN TOUCH with people?

MAY

20 __ • _____

_____

_____

_____

_____

20 __ • _____

_____

_____

_____

_____

20 __ • _____

_____

_____

_____

_____

2
MAY

RENT a car or take public transportation?

20 __ • _____

_____

_____

_____

_____

20 __ • _____

_____

_____

_____

_____

20 __ • _____

_____

_____

_____

_____

Name an activity on your BUCKET LIST:

3
MAY

20___ • _____

_____

_____

_____

_____

20___ • _____

_____

_____

_____

_____

20___ • _____

_____

_____

_____

_____

MAY

Write a POEM to describe an adventure you had.

20___ • _____

_____

_____

_____

_____

_____

20___ • _____

_____

_____

_____

_____

_____

20___ • _____

_____

_____

_____

_____

_____

If you could purchase a new piece of TECHNOLOGY specifically for your travels, what would you purchase?

MAY

20 __ • _____

_____

_____

_____

_____

20 __ • _____

_____

_____

_____

_____

20 __ • _____

_____

_____

_____

_____

6

MAY

**What SKILL do you have that
helps you on the road?**

20___ • _____

_____

_____

_____

_____

_____

20___ • _____

_____

_____

_____

_____

20___ • _____

_____

_____

_____

_____

_____

On a scale of one to ten, how **HAPPY** are you while traveling?

7
MAY

20___ • _____

_____

_____

_____

_____

_____

20___ • _____

_____

_____

_____

_____

_____

20___ • _____

_____

_____

_____

_____

_____

8

MAY

What was your last BIG PURCHASE for a trip?

20 __ • _____

_____

_____

_____

_____

20 __ • _____

_____

_____

_____

_____

20 __ • _____

_____

_____

_____

_____

Do you have a traveling BUDGET?

9

MAY

20___ • _____

_____

_____

_____

_____

_____

20___ • _____

_____

_____

_____

_____

_____

20___ • _____

_____

_____

_____

_____

_____

10

MAY

**How much FOREIGN CURRENCY
do you have on hand?**

20__ • _____

_____

_____

_____

_____

_____

20__ • _____

_____

_____

_____

_____

_____

20__ • _____

_____

_____

_____

_____

_____

If you were LOST IN PARIS without a map, what would you do?

MAY

20___ • _____

_____

_____

_____

_____

20___ • _____

_____

_____

_____

_____

20___ • _____

_____

_____

_____

_____

12

MAY

Do you watch NATURE SHOWS on TV?
Do they transport you?

20 ___ •

_____

_____

_____

_____

_____

20 ___ •

_____

_____

_____

_____

_____

20 ___ •

_____

_____

_____

_____

_____

What **MUSIC** is evocative of a trip you have taken?

13

MAY

20 __ ◆ _____

_____

_____

_____

_____

20 __ ◆ _____

_____

_____

_____

_____

20 __ ◆ _____

_____

_____

_____

_____

14

MAY

What is your favorite SPICE?

20 ___ •

20 ___ •

20 ___ •

The most WESTERN CITY that you've visited is:

15
MAY

20___ •_____

_____

_____

_____

_____

20___ •_____

_____

_____

_____

_____

20___ •_____

_____

_____

_____

_____

16
MAY

**You are currently OBSESSED
with what culture?**

20___ • _____

_____

_____

_____

_____

20___ • _____

_____

_____

_____

_____

20___ • _____

_____

_____

_____

_____

If you could take any COOKING CLASS, what cuisine would it be?

17
MAY

20___ •

20___ •

20___ •

18

MAY

If you are traveling with your FRIENDS, what kind of place would you go?

20 ___ • _____

_____

_____

_____

_____

20 ___ • _____

_____

_____

_____

_____

20 ___ • _____

_____

_____

_____

Once I got really SICK from:

MAY

20__ • _____

_____

_____

_____

_____

_____

20__ • _____

_____

_____

_____

_____

_____

20__ • _____

_____

_____

_____

_____

_____

20

MAY

What are the OFFICIAL LANGUAGES of the place you are currently living in?

20___ • _____

_____

_____

_____

_____

20___ • _____

_____

_____

_____

_____

20___ • _____

_____

_____

_____

_____

If you could have a SUPERPOWER while traveling, what would it be and why?

21
MAY

20___ • _____

_____

_____

_____

_____

20___ • _____

_____

_____

_____

_____

20___ • _____

_____

_____

_____

_____

22

MAY

How do you make a trip MEMORABLE?

20___ • _____

_____

_____

_____

_____

_____

20___ • _____

_____

_____

_____

_____

_____

20___ • _____

_____

_____

_____

_____

_____

A TREASURE in your hometown is:

23
MAY

20___ • _____

_____

_____

_____

_____

20___ • _____

_____

_____

_____

_____

20___ • _____

_____

_____

_____

_____

24
MAY

Best RESTAURANT in your hometown is:

20___ • _____

_____

_____

_____

_____

_____

20___ • _____

_____

_____

_____

_____

_____

20___ • _____

_____

_____

_____

_____

_____

When was the last time you CALLED your family?

25
MAY

20__ • _____

_____

_____

_____

_____

20__ • _____

_____

_____

_____

_____

20__ • _____

_____

_____

_____

_____

26

MAY

What is a NEW FOOD that you recently tried?

20___ • _____

_____

_____

_____

_____

20___ • _____

_____

_____

_____

_____

20___ • _____

_____

_____

_____

_____

**Did an English TRANSLATION on a menu
ever make you laugh? What was it?**

MAY

20___ • _____

_____

_____

_____

_____

_____

20___ • _____

_____

_____

_____

_____

_____

20___ • _____

_____

_____

_____

_____

_____

28
MAY

Describe a **WALK** in your neighborhood.

20___ • _____

_____

_____

_____

_____

_____

20___ • _____

_____

_____

_____

_____

_____

20___ • _____

_____

_____

_____

_____

_____

What is your current ADDRESS?

MAY

20___ • _____

_____

_____

_____

_____

20___ • _____

_____

_____

_____

_____

20___ • _____

_____

_____

_____

_____

30
MAY

Who is a new INTERNATIONAL FRIEND that you made?

20 __ • _____

_____

_____

_____

_____

20 __ • _____

_____

_____

_____

_____

20 __ • _____

_____

_____

_____

_____

Have you ever experienced an unexpected **GESTURE** of kindness or generosity while traveling? What was it?

31
MAY

20___ ♦ _____

_____

_____

_____

_____

20___ ♦ _____

_____

_____

_____

_____

20___ ♦ _____

_____

_____

_____

_____

_____

1

JUNE

How do you think travel CHANGES you?

20___ • _____

_____

_____

_____

_____

_____

20___ • _____

_____

_____

_____

_____

_____

20___ • _____

_____

_____

_____

_____

_____

Have you ever learned an international style of **DANCE**?

JUNE

20___ • _____

_____

_____

_____

_____

_____

20___ • _____

_____

_____

_____

_____

_____

20___ • _____

_____

_____

_____

_____

_____

3

JUNE

What was the most INTERESTING place you've ever visited?

20___ • _____

_____

_____

_____

_____

_____

20___ • _____

_____

_____

_____

_____

_____

20___ • _____

_____

_____

_____

_____

_____

Have you ever SLEPT OUTDOORS under the stars? Where was it?

JUNE

20___ • _____

_____

_____

_____

_____

20___ • _____

_____

_____

_____

_____

20___ • _____

_____

_____

_____

_____

5

JUNE

In your opinion, what is the most USEFUL LANGUAGE to learn?

20___ •

_____

_____

_____

_____

_____

20___ •

_____

_____

_____

_____

_____

20___ •

_____

_____

_____

_____

_____

Would you ever go into a LONG-DISTANCE relationship?

6

JUNE

20___ • _____

_____

_____

_____

_____

20___ • _____

_____

_____

_____

_____

20___ • _____

_____

_____

_____

_____

7

JUNE

Would you rather visit one city for a MONTH, or visit three cities in a WEEK?

20___ •

20___ •

20___ •

A place you would NEVER go to:

JUNE

20___ • _____

_____

_____

_____

_____

_____

20___ • _____

_____

_____

_____

_____

_____

20___ • _____

_____

_____

_____

_____

_____

9
JUNE

What piece of advice would you give to a NOVICE TRAVELER?

20____ • _____

_____

_____

_____

_____

_____

20____ • _____

_____

_____

_____

_____

20____ • _____

_____

_____

_____

_____

_____

Have you ever experienced a cultural CELEBRATION different than your own?

JUNE

20___ • _____

_____

_____

_____

_____

20___ • _____

_____

_____

_____

_____

20___ • _____

_____

_____

_____

_____

11

JUNE

If you could have a DESTINATION wedding or celebration, where would it be?

20___ • _____

_____

_____

_____

_____

20___ • _____

_____

_____

_____

_____

20___ • _____

_____

_____

_____

_____

What is one of your HEALTHIEST HABITS on the road?

JUNE

20__ • _____

_____

_____

_____

_____

20__ • _____

_____

_____

_____

_____

20__ • _____

_____

_____

_____

_____

13

JUNE

What do you eat for BREAKFAST while traveling? Close to home or in the local style?

20 ___ •

_____

_____

_____

_____

_____

20 ___ •

_____

_____

_____

_____

_____

20 ___ •

_____

_____

_____

_____

_____

Which place have you been to that you once thought you would NEVER visit?

JUNE

20___ • _____

_____

_____

_____

_____

20___ • _____

_____

_____

_____

_____

20___ • _____

_____

_____

_____

_____

15

JUNE

Lunch **ON THE GO**, or a sit-down meal?

20___ •

20___ •

20___ •

**What was the most EXPENSIVE MEAL you
have ever eaten? Was it worth it?**

JUNE

20___ • _____

_____

_____

_____

_____

20___ • _____

_____

_____

_____

_____

20___ • _____

_____

_____

_____

_____

17

JUNE

What MUSIC did you learn to love on a trip?

20 __ •

20 __ •

20 __ •

How many travel SOUVENIRS do you have?

JUNE

20___ • _____

_____

_____

_____

_____

20___ • _____

_____

_____

_____

_____

20___ • _____

_____

_____

_____

_____

19

JUNE

What is your favorite
INTERNATIONAL SONG?

20 __ • _____

_____

_____

_____

_____

20 __ • _____

_____

_____

_____

_____

_____

20 __ • _____

_____

_____

_____

_____

_____

How many MAGNETS do you have on your fridge?

JUNE

20 __ • _____

_____

_____

_____

_____

20 __ • _____

_____

_____

_____

_____

20 __ • _____

_____

_____

_____

_____

21

JUNE

The Russian saying "galloping across Europe" refers to doing something hastily. Are you an **IMPULSIVE** traveler or slow to decide?

20___ •

20___ •

20___ •

**What is the CRAZIEST thing you have
ever done while traveling?**

22
JUNE

20___ • _____

_____

_____

_____

_____

20___ • _____

_____

_____

_____

_____

20___ • _____

_____

_____

_____

_____

23
JUNE

A CULTURAL CELEBRATION that
you want to experience is:

20 ___ ◦ _____

_____

_____

_____

_____

20 ___ ◦ _____

_____

_____

_____

_____

20 ___ ◦ _____

_____

_____

_____

_____

Do you prefer taking a TOUR or navigating a city by yourself?

24

JUNE

20__ • _____

_____

_____

_____

_____

_____

20__ • _____

_____

_____

_____

_____

_____

20__ • _____

_____

_____

_____

_____

_____

25

JUNE

How do you deal with GOODBYES?

20___ • _____

_____

_____

_____

_____

_____

20___ • _____

_____

_____

_____

_____

_____

20___ • _____

_____

_____

_____

_____

_____

What is a QUESTION that you love being asked after you return from a trip?

JUNE

20___ • _____

_____

_____

_____

_____

20___ • _____

_____

_____

_____

_____

20___ • _____

_____

_____

_____

_____

27

JUNE

How does MOVING from one place to another change your mindset?

20 __ • _____

_____

_____

_____

_____

_____

20 __ • _____

_____

_____

_____

_____

_____

20 __ • _____

_____

_____

_____

_____

_____

What was the last most beautiful VIEW that you saw?

JUNE

20___ • _____

_____

_____

_____

_____

20___ • _____

_____

_____

_____

_____

20___ • _____

_____

_____

_____

_____

29

JUNE

When was the last time you watched the SUNSET?

20 __ • _____

_____

_____

_____

_____

20 __ • _____

_____

_____

_____

_____

20 __ • _____

_____

_____

_____

_____

A place you want to visit when you are OLDER is:

JUNE

20__ • _____

_____

_____

_____

_____

20__ • _____

_____

_____

_____

_____

20__ • _____

_____

_____

_____

_____

1

JULY

The most NORTHERN CITY that you've visited is:

20 ___ • _____

_____

_____

_____

_____

20 ___ • _____

_____

_____

_____

_____

20 ___ • _____

_____

_____

_____

_____

When was the last time you took the TRAIN?
Where were you going?

JULY

20___ • _____

_____

_____

_____

_____

20___ • _____

_____

_____

_____

_____

20___ • _____

_____

_____

_____

_____

3

JULY

**What dish did you learn to COOK
while traveling?**

20 __ • _____

_____

_____

_____

_____

20 __ • _____

_____

_____

_____

_____

20 __ • _____

_____

_____

_____

_____

Would a friend describe you as **ADVENTUROUS?**

JULY

20__ •

20__ •

20__ •

5

JULY

On a scale of one to ten, how well do you SLEEP on the road?

20___ • _____

_____

_____

_____

_____

20___ • _____

_____

_____

_____

_____

20___ • _____

_____

_____

_____

_____

If you could open any BUSINESS anywhere, what would it be?

JULY

20___ ◆ _____

_____

_____

_____

_____

20___ ◆ _____

_____

_____

_____

_____

20___ ◆ _____

_____

_____

_____

_____

7

JULY

What FESTIVALS are unique to your hometown?

20 __ • _____

_____

_____

_____

_____

_____

20 __ • _____

_____

_____

_____

_____

_____

20 __ • _____

_____

_____

_____

_____

_____

Do you prefer to read or play on your phone to PASS TIME while traveling?

JULY

20___ • _____

_____

_____

_____

_____

20___ • _____

_____

_____

_____

_____

20___ • _____

_____

_____

_____

_____

9

JULY

**Do you feel like a DIFFERENT person
when you travel?**

20___ • _____

_____

_____

_____

_____

_____

20___ • _____

_____

_____

_____

_____

_____

20___ • _____

_____

_____

_____

_____

_____

What is your **HOMETOWN** known for in the winter?

10
JULY

20___ ◆ _____

_____

_____

_____

_____

20___ ◆ _____

_____

_____

_____

_____

20___ ◆ _____

_____

_____

_____

_____

11
JULY

What is your HOMETOWN known for in the summer?

20___ • _____

_____

_____

_____

_____

20___ • _____

_____

_____

_____

_____

20___ • _____

_____

_____

_____

_____

The most EASTERN CITY that you've visited is:

JULY

20___ • _____

_____

_____

_____

_____

20___ • _____

_____

_____

_____

_____

20___ • _____

_____

_____

_____

_____

13

JULY

The French word *dépaysement* is the unsteady feeling of homesickness. Do you get **HOMESICK** when you travel?

20___ • _____

_____

_____

_____

_____

_____

20___ • _____

_____

_____

_____

_____

_____

20___ • _____

_____

_____

_____

_____

_____

What are you PASSIONATE about?

JULY

20___ ◆ _____

_____

_____

_____

_____

20___ ◆ _____

_____

_____

_____

_____

20___ ◆ _____

_____

_____

_____

_____

15

JULY

**Are you living the life of your DREAMS?
How would travel help you get there?**

20__ •

_____

_____

_____

_____

_____

20__ •

_____

_____

_____

_____

_____

20__ •

_____

_____

_____

_____

_____

If you had ONE YEAR TO LIVE, would you travel? Where would you go?

16
JULY

20__ • _____

_____

_____

_____

_____

20__ • _____

_____

_____

_____

_____

20__ • _____

_____

_____

_____

_____

17

JULY

If you had to VOLUNTEER anywhere in the world for a month, where would you volunteer?

20___ ◆ _____

_____

_____

_____

_____

20___ ◆ _____

_____

_____

_____

_____

20___ ◆ _____

_____

_____

_____

_____

Do you think that travel is NECESSARY to have a meaningful life?

JULY

20___ • _____

_____

_____

_____

_____

20___ • _____

_____

_____

_____

_____

20___ • _____

_____

_____

_____

_____

19

JULY

What is a question that ANNOYS you after you return from a trip?

20___ • _____

_____

_____

_____

_____

_____

20___ • _____

_____

_____

_____

_____

_____

20___ • _____

_____

_____

_____

_____

_____

When traveling, do you prefer to GO OUT after dinner or go to bed early?

JULY

20___ ◆ _____

_____

_____

_____

_____

20___ ◆ _____

_____

_____

_____

_____

20___ ◆ _____

_____

_____

_____

_____

21

JULY

A time that I fell for a TOURIST TRAP:

20___ • _____

_____

_____

_____

_____

20___ • _____

_____

_____

_____

_____

20___ • _____

_____

_____

_____

_____

_____

Have you ever experienced GOOD LUCK while traveling?

JULY

20___ • _____

_____

_____

_____

_____

20___ • _____

_____

_____

_____

_____

20___ • _____

_____

_____

_____

_____

23

JULY

What is the CHEAPEST trip you have ever taken?

20___ * _____

_____

_____

_____

_____

20___ * _____

_____

_____

_____

_____

20___ * _____

_____

_____

_____

_____

What is your evening ROUTINE? Does it change when you are on the road?

24
JULY

20___ • _____

_____

_____

_____

_____

20___ • _____

_____

_____

_____

_____

20___ • _____

_____

_____

_____

_____

25

JULY

Do you TRUST strangers?

20___ • _____

_____

_____

_____

_____

_____

20___ • _____

_____

_____

_____

_____

_____

20___ • _____

_____

_____

_____

_____

_____

What is the most EXCITING place that you have visited?

26

JULY

20___ • _____

_____

_____

_____

_____

20___ • _____

_____

_____

_____

_____

20___ • _____

_____

_____

_____

_____

27

JULY

What INSPIRES you to visit new places?

20___ • _____

_____

_____

_____

_____

_____

20___ • _____

_____

_____

_____

_____

_____

20___ • _____

_____

_____

_____

_____

_____

How do you PLAN a trip?

JULY

20___ • _____

_____

_____

_____

_____

_____

20___ • _____

_____

_____

_____

_____

_____

20___ • _____

_____

_____

_____

_____

_____

29

JULY

What makes a place SPECIAL?

20___ •_____

_____

_____

_____

_____

_____

20___ •_____

_____

_____

_____

_____

_____

20___ •_____

_____

_____

_____

_____

_____

Do you prefer going to a place where you know the LANGUAGE, or a place where you do not?

JULY

20___ • _____

_____

_____

_____

_____

20___ • _____

_____

_____

_____

_____

20___ • _____

_____

_____

_____

_____

31

JULY

Do you create a BUDGET while traveling?

20 __ • _____

_____

_____

_____

_____

20 __ • _____

_____

_____

_____

_____

20 __ • _____

_____

_____

_____

_____

What do you like the LEAST about traveling?

AUGUST

20___ • _____

_____

_____

_____

_____

_____

20___ • _____

_____

_____

_____

_____

_____

20___ • _____

_____

_____

_____

_____

_____

2

AUGUST

Something you have ALWAYS wanted to see is:

20___ • _____

_____

_____

_____

_____

20___ • _____

_____

_____

_____

_____

20___ • _____

_____

_____

_____

_____

Some Russian travelers take a moment of silence before a trip for a moment of tranquility. Do you have any pre-travel RITUALS?

AUGUST

20 ___ • _____

_____

_____

_____

_____

20 ___ • _____

_____

_____

_____

_____

20 ___ • _____

_____

_____

_____

_____

4

AUGUST

**Invent a FANTASTICAL place
and describe it.**

20___ •

20___ •

20___ •

What is one TRAVEL BOOK that everyone should read?

AUGUST

20__ • _____

_____

_____

_____

_____

20__ • _____

_____

_____

_____

_____

20__ • _____

_____

_____

_____

_____

6

AUGUST

The best RESTAURANT you have ever been to at home or away:

20___ • _____

_____

_____

_____

_____

_____

20___ • _____

_____

_____

_____

_____

_____

20___ • _____

_____

_____

_____

_____

_____

The most **SOUTHERN CITY** that you've been to is:

AUGUST

20 ___ • _____

_____

_____

_____

_____

20 ___ • _____

_____

_____

_____

_____

20 ___ • _____

_____

_____

_____

_____

8

AUGUST

A WISE PERSON taught me to . . .

20___•_____

_____

_____

_____

_____

20___•_____

_____

_____

_____

_____

20___•_____

_____

_____

_____

_____

What was the last **DEEP CONVERSATION** that you had?

AUGUST

20___ • _____

_____

_____

_____

_____

20___ • _____

_____

_____

_____

_____

20___ • _____

_____

_____

_____

_____

_____

10

AUGUST

What do you wish you learned in SCHOOL that would have helped you on the road?

20___ ⋆ _____

_____

_____

_____

_____

_____

20___ ⋆ _____

_____

_____

_____

_____

_____

20___ ⋆ _____

_____

_____

_____

_____

_____

The German word *schilderwald* means to be surrounded by road signs. Was there a time where **SIGNS** led you astray?

11

AUGUST

20___ • _____

_____

_____

_____

_____

20___ • _____

_____

_____

_____

_____

20___ • _____

_____

_____

_____

_____

12

AUGUST

Have you ever stayed up ALL NIGHT while traveling?

20___ • _____

_____

_____

_____

_____

20___ • _____

_____

_____

_____

_____

20___ • _____

_____

_____

_____

_____

What is one thing that you have NEVER DONE, but want to do?

AUGUST

20___ ◆ _____

_____

_____

_____

_____

_____

20___ ◆ _____

_____

_____

_____

_____

_____

20___ ◆ _____

_____

_____

_____

_____

_____

14

AUGUST

Have you ever **FORGOTTEN** to do something important before one of your trips?

20 ___ • _____

_____

_____

_____

_____

_____

20 ___ • _____

_____

_____

_____

_____

_____

20 ___ • _____

_____

_____

_____

_____

_____

Do you RETURN to places you have visited or go for new destinations?

AUGUST

20___ • _____

_____

_____

_____

_____

20___ • _____

_____

_____

_____

_____

20___ • _____

_____

_____

_____

_____

_____

16
AUGUST

What was the last BEACH you went to?

20 __ • _____

_____

_____

_____

_____

20 __ • _____

_____

_____

_____

_____

20 __ • _____

_____

_____

_____

_____

What was the SHORTEST plane ride you have taken?

AUGUST

20___ • _____

_____

_____

_____

_____

_____

20___ • _____

_____

_____

_____

_____

_____

20___ • _____

_____

_____

_____

_____

_____

18

AUGUST

Do you have a favorite travel OUTFIT?

20___ ◆ _____

_____

_____

_____

_____

20___ ◆ _____

_____

_____

_____

_____

20___ ◆ _____

_____

_____

_____

_____

When was the last time you went SWIMMING?

19

20 _ • _____

_____

_____

_____

_____

20 _ • _____

_____

_____

_____

_____

20 _ • _____

_____

_____

_____

_____

_____

20

AUGUST

If you had to pack a PICNIC, what would you pack?

20___ • _____

_____

_____

_____

_____

20___ • _____

_____

_____

_____

_____

20___ • _____

_____

_____

_____

_____

If you were EXPLORING your city for a day, where would you go?

AUGUST

20___ ♦ _____

_____

_____

_____

_____

20___ ♦ _____

_____

_____

_____

_____

20___ ♦ _____

_____

_____

_____

_____

22

AUGUST

Do you PACK in advance or the night before?

20___ •

_____

_____

_____

_____

_____

20___ •

_____

_____

_____

_____

_____

20___ •

_____

_____

_____

_____

_____

How EARLY do you arrive at an airport, train station, or bus station before your departure?

23

AUGUST

20___ ♦ _____

_____

_____

_____

_____

20___ ♦ _____

_____

_____

_____

_____

20___ ♦ _____

_____

_____

_____

_____

_____

24

AUGUST

What do you do with your leftover CURRENCY?

20 __ • _____

_____

_____

_____

_____

_____

20 __ • _____

_____

_____

_____

_____

_____

20 __ • _____

_____

_____

_____

_____

_____

What do you want to LEARN more about?

AUGUST

20___ • _____

_____

_____

_____

_____

20___ • _____

_____

_____

_____

_____

20___ • _____

_____

_____

_____

_____

_____

26

AUGUST

What is a favorite BAR or PUB that you have been to?

20___ • _____

_____

_____

_____

_____

20___ • _____

_____

_____

_____

_____

20___ • _____

_____

_____

_____

_____

How do you deal with reverse CULTURE SHOCK (returning from a trip)?

AUGUST

20__ ♦ _____

_____

_____

_____

_____

20__ ♦ _____

_____

_____

_____

_____

20__ ♦ _____

_____

_____

_____

_____

28

AUGUST

What is your favorite pair of SHOES to travel in?

20___ • _____

_____

_____

_____

_____

20___ • _____

_____

_____

_____

_____

20___ • _____

_____

_____

_____

_____

Where have you enjoyed a great CUP OF TEA?

AUGUST

20___ • _____

_____

_____

_____

_____

_____

20___ • _____

_____

_____

_____

_____

_____

20___ • _____

_____

_____

_____

_____

_____

30

AUGUST

Where did you eat a perfect BREAKFAST?

20 __ •

20 __ •

20 __ •

Wine, **BEER**, or sparkling water?

31
AUGUST

20___ • _____

_____

_____

_____

_____

20___ • _____

_____

_____

_____

_____

20___ • _____

_____

_____

_____

_____

SEPTEMBER

A Spanish New Year's tradition is to put twelve grapes in your mouth at midnight. Do you have any NEW YEAR'S traditions?

20__ • _____

_____

_____

_____

_____

_____

20__ • _____

_____

_____

_____

_____

_____

20__ • _____

_____

_____

_____

_____

_____

Do you post your adventures on **SOCIAL MEDIA?**

2

SEPTEMBER

20 __ • _____

_____

_____

_____

_____

20 __ • _____

_____

_____

_____

_____

20 __ • _____

_____

_____

_____

_____

_____

3

SEPTEMBER

What is an UNUSUAL or special FOOD you ate? Mysterious? Inedible?

20___ • _____

_____

_____

_____

_____

_____

20___ • _____

_____

_____

_____

_____

_____

20___ • _____

_____

_____

_____

_____

_____

What is an UNUSUAL or special DRINK you had? Delicious? Unexpected?

SEPTEMBER

20___ • _____

_____

_____

_____

_____

20___ • _____

_____

_____

_____

_____

20___ • _____

_____

_____

_____

_____

5

SEPTEMBER

What are three of your FAVORITE places?

20 __ • _____

_____

_____

_____

_____

_____

20 __ • _____

_____

_____

_____

_____

_____

20 __ • _____

_____

_____

_____

_____

_____

If you could, would you work REMOTELY?

SEPTEMBER

20___ • _____

_____

_____

_____

_____

20___ • _____

_____

_____

_____

_____

20___ • _____

_____

_____

_____

_____

SEPTEMBER

Where do you go to get away on the
WEEKENDS?

20___ • _____

_____

_____

_____

_____

_____

20___ • _____

_____

_____

_____

_____

_____

20___ • _____

_____

_____

_____

_____

_____

Would you rather spend your time exploring INDOORS (museums, cafés, etc.) or OUTDOORS (parks, zoos, etc.)?

SEPTEMBER

20___ • _____

_____

_____

_____

_____

_____

20___ • _____

_____

_____

_____

_____

_____

20___ • _____

_____

_____

_____

_____

_____

SEPTEMBER

**Where was the first trip you took
with your FAMILY?**

20 __ • _____

_____

_____

_____

_____

20 __ • _____

_____

_____

_____

_____

20 __ • _____

_____

_____

_____

_____

**As a kid, in the SUMMER,
we always went to:**

SEPTEMBER

20__ • _____

_____

_____

_____

_____

20__ • _____

_____

_____

_____

_____

20__ • _____

_____

_____

_____

_____

SEPTEMBER

When was the last time you were in a HAMMOCK?

20 __ ♦ _____

_____

_____

_____

_____

20 __ ♦ _____

_____

_____

_____

_____

20 __ ♦ _____

_____

_____

_____

_____

Describe an IDEAL place in the world:

SEPTEMBER

20___ •

20___ •

20___ •

13

SEPTEMBER

What is a beautiful BODY OF WATER that you have seen?

20___ •

_____

_____

_____

_____

_____

20___ •

_____

_____

_____

_____

_____

20___ •

_____

_____

_____

_____

_____

_____

**What is a beautiful MOUNTAIN
that you have seen?**

SEPTEMBER

20 __ • _____

_____

_____

_____

_____

_____

20 __ • _____

_____

_____

_____

_____

_____

20 __ • _____

_____

_____

_____

_____

_____

15

SEPTEMBER

Are you RUNNING from something?

20__ • _____

_____

_____

_____

_____

_____

20__ • _____

_____

_____

_____

_____

_____

20__ • _____

_____

_____

_____

_____

_____

Which destination SURPRISED you the most?

20___◆ _____

_____

_____

_____

_____

20___◆ _____

_____

_____

_____

_____

20___◆ _____

_____

_____

_____

_____

17

SEPTEMBER

What was the HIGHLIGHT of your year so far?

20___ • _____

_____

_____

_____

_____

_____

20___ • _____

_____

_____

_____

_____

_____

20___ • _____

_____

_____

_____

_____

_____

Where does your PASSION for travel come from?

SEPTEMBER

20___ • _____

_____

_____

_____

_____

_____

20___ • _____

_____

_____

_____

_____

_____

20___ • _____

_____

_____

_____

_____

_____

19

SEPTEMBER

How much time do you spend PLANNING a trip?

20___ • _____

_____

_____

_____

_____

_____

20___ • _____

_____

_____

_____

_____

_____

20___ • _____

_____

_____

_____

_____

_____

What was the last TRANSITION you had to make?

20

SEPTEMBER

20___ • _____

_____

_____

_____

_____

20___ • _____

_____

_____

_____

_____

20___ • _____

_____

_____

_____

_____

21

What is the last PHOTO you took?

20 ___ • _____

_____

_____

_____

_____

20 ___ • _____

_____

_____

_____

_____

20 ___ • _____

_____

_____

_____

_____

**If you could give people one REASON to travel
in their lifetime, what would it be?**

SEPTEMBER

20___ • _____

_____

_____

_____

_____

20___ • _____

_____

_____

_____

_____

20___ • _____

_____

_____

_____

_____

23

SEPTEMBER

What makes your city UNIQUE?

20___ •

_____

_____

_____

_____

_____

20___ •

_____

_____

_____

_____

_____

20___ •

_____

_____

_____

_____

_____

How are people from your city DIFFERENT from people living in the next city closest to you?

SEPTEMBER

20___ • _____

_____

_____

_____

_____

_____

20___ • _____

_____

_____

_____

_____

_____

20___ • _____

_____

_____

_____

_____

_____

25

SEPTEMBER

**Would you recommend people to MOVE
to your hometown? Why or why not?**

20___ •

_____

_____

_____

_____

_____

20___ •

_____

_____

_____

_____

_____

20___ •

_____

_____

_____

_____

_____

Where do you go to **CELEBRATE** in your hometown?

SEPTEMBER

20__ • _____

_____

_____

_____

_____

20__ • _____

_____

_____

_____

_____

20__ • _____

_____

_____

_____

_____

_____

27

SEPTEMBER

**What is the best way to spend a
WEEKEND in your hometown?**

20__ • _____

_____

_____

_____

_____

_____

20__ • _____

_____

_____

_____

_____

_____

20__ • _____

_____

_____

_____

_____

_____

The Swedish word *gökotta* means to wake up early enough to hear the birds sing. Are you an **EARLY BIRD** or a **NIGHT OWL**?

28

SEPTEMBER

20___ • _____

_____

_____

_____

_____

20___ • _____

_____

_____

_____

_____

20___ • _____

_____

_____

_____

_____

29

SEPTEMBER

Who is the most INTERESTING person you have met in your travels?

20___ • _____

_____

_____

_____

_____

20___ • _____

_____

_____

_____

_____

20___ • _____

_____

_____

_____

_____

How many U.S. STATES or foreign COUNTRIES have you visited?

30

SEPTEMBER

20___ •

_____

_____

_____

_____

_____

20___ •

_____

_____

_____

_____

_____

20___ •

_____

_____

_____

_____

_____

_____

OCTOBER

As a **RULE**, do you travel for business or pleasure?

20___ • _____

_____

_____

_____

_____

20___ • _____

_____

_____

_____

_____

20___ • _____

_____

_____

_____

_____

When was the last time you took the BUS?
Where were you going?

OCTOBER

20__ • _____

_____

_____

_____

_____

20__ • _____

_____

_____

_____

_____

20__ • _____

_____

_____

_____

_____

3

OCTOBER

What is the first thing you do when you GET HOME?

20 __ ♦ _____

_____

_____

_____

_____

20 __ ♦ _____

_____

_____

_____

_____

20 __ ♦ _____

_____

_____

_____

_____

What's the **LONGEST** plane ride you have ever taken?

4
OCTOBER

20 __ ◆ _____

_____

_____

_____

_____

20 __ ◆ _____

_____

_____

_____

_____

20 __ ◆ _____

_____

_____

_____

_____

_____

5

OCTOBER

**What's a clever or funny CAPTION
you have used on a travel photo?**

20 __ • _____

_____

_____

_____

_____

20 __ • _____

_____

_____

_____

_____

20 __ • _____

_____

_____

_____

_____

How OFTEN do you travel? Do you wish it was more or less?

OCTOBER

20___ • _____

_____

_____

_____

_____

20___ • _____

_____

_____

_____

_____

20___ • _____

_____

_____

_____

_____

7

OCTOBER

What do you LIKE the most about traveling?

20___ • _____

_____

_____

_____

_____

20___ • _____

_____

_____

_____

_____

20___ • _____

_____

_____

_____

_____

When you travel, do you prefer to wake up EARLY or to SLEEP IN?

OCTOBER

20___ •_____

_____

_____

_____

_____

_____

20___ •_____

_____

_____

_____

_____

_____

20___ •_____

_____

_____

_____

_____

_____

9

OCTOBER

If a friend was visiting your hometown for the first time, which THREE PLACES would you take them to?

20___ • _____

_____

_____

_____

_____

20___ • _____

_____

_____

_____

_____

20___ • _____

_____

_____

_____

_____

Which **THREE WORDS** describe your hometown?

10

OCTOBER

20___ •_____

_____

_____

_____

_____

20___ •_____

_____

_____

_____

_____

20___ •_____

_____

_____

_____

_____

11

OCTOBER

What are people's REACTIONS when they hear where you are from?

20 __ • _____

_____

_____

_____

_____

20 __ • _____

_____

_____

_____

_____

20 __ • _____

_____

_____

_____

_____

Do you find travel to be more RELAXING or STRESSFUL?

OCTOBER

20___ ◆ _____

_____

_____

_____

_____

20___ ◆ _____

_____

_____

_____

_____

20___ ◆ _____

_____

_____

_____

_____

13

OCTOBER

How do you PASS TIME on an airplane?

20___ • _____

_____

_____

_____

_____

20___ • _____

_____

_____

_____

_____

20___ • _____

_____

_____

_____

_____

Do you talk to TAXI DRIVERS? If so, what have you learned from them?

14

OCTOBER

20___ • _____

_____

_____

_____

_____

20___ • _____

_____

_____

_____

_____

20___ • _____

_____

_____

_____

_____

_____

15

OCTOBER

Where is one place that you feel most like YOURSELF?

20___ •

20___ •

20___ •

Which NATIONAL PARK do you want to visit?

16

OCTOBER

20___ ⬩ _____

_____

_____

_____

_____

20___ ⬩ _____

_____

_____

_____

_____

20___ ⬩ _____

_____

_____

_____

_____

17

OCTOBER

Do you travel to ESCAPE, or to EXPLORE?

20 _ • _____

_____

_____

_____

_____

20 _ • _____

_____

_____

_____

_____

20 _ • _____

_____

_____

_____

_____

My dream WINTER DESTINATION is:

OCTOBER

20___ • _____

_____

_____

_____

_____

_____

20___ • _____

_____

_____

_____

_____

_____

20___ • _____

_____

_____

_____

_____

_____

19

OCTOBER

My dream SUMMER DESTINATION is:

20 _ • _____

_____

_____

_____

_____

_____

20 _ • _____

_____

_____

_____

_____

_____

20 _ • _____

_____

_____

_____

_____

_____

**Do you TALK to fellow travelers
or keep to yourself?**

OCTOBER

20___ • _____

_____

_____

_____

_____

20___ • _____

_____

_____

_____

_____

20___ • _____

_____

_____

_____

_____

21

OCTOBER

Describe your current **SCENERY.**

20 __ • _____

_____

_____

_____

_____

20 __ • _____

_____

_____

_____

_____

20 __ • _____

_____

_____

_____

_____

**In my experience, the people from
_____ are the HAPPIEST.**

20 ___ ◆ _____

_____

_____

_____

_____

20 ___ ◆ _____

_____

_____

_____

_____

20 ___ ◆ _____

_____

_____

_____

_____

23

OCTOBER

If you had **TODAY OFF**, what would you do?

20___ • _____

_____

_____

_____

_____

20___ • _____

_____

_____

_____

_____

20___ • _____

_____

_____

_____

_____

"Buying something for an apple and an egg"
is a Dutch saying for getting a bargain. Where in
your city can you find the BEST DEAL?

OCTOBER

20___ • _____

_____

_____

_____

_____

20___ • _____

_____

_____

_____

_____

20___ • _____

_____

_____

_____

_____

25

OCTOBER

If you could **REPEAT** a past adventure you have had, when would it be?

20___ • _____

_____

_____

_____

_____

20___ • _____

_____

_____

_____

_____

20___ • _____

_____

_____

_____

_____

You finally make it to the TOP of a mountain. What is the first thing you do?

OCTOBER

20 ___ • _____

_____

_____

_____

_____

20 ___ • _____

_____

_____

_____

_____

20 ___ • _____

_____

_____

_____

_____

27
OCTOBER

"Shinrin-yoku" is Japanese for "forest bathing"—the serenity felt while walking in the forest. When were you last in a FOREST?

20___ • _____

_____

_____

_____

_____

20___ • _____

_____

_____

_____

_____

20___ • _____

_____

_____

_____

_____

What is the most REMOTE place that you have been to?

OCTOBER

20___ • _____

_____

_____

_____

_____

20___ • _____

_____

_____

_____

_____

20___ • _____

_____

_____

_____

_____

29

OCTOBER

What is the BUSIEST city that you have been to?

20___ • _____

_____

_____

_____

_____

20___ • _____

_____

_____

_____

_____

20___ • _____

_____

_____

_____

_____

Do you DAYDREAM about traveling?

OCTOBER

20__ • _____

_____

_____

_____

_____

_____

20__ • _____

_____

_____

_____

_____

_____

20__ • _____

_____

_____

_____

_____

_____

31

OCTOBER

To COOL OFF, I always go to:

20___ • _____

_____

_____

_____

_____

_____

20___ • _____

_____

_____

_____

_____

_____

20___ • _____

_____

_____

_____

_____

_____

If I had to hide a TREASURE, I would hide it on:

NOVEMBER

20___ • _____

_____

_____

_____

_____

20___ • _____

_____

_____

_____

_____

20___ • _____

_____

_____

_____

_____

2

NOVEMBER

If you had to SETTLE DOWN in one city for the rest of your life, where would it be?

20___ • _____

_____

_____

_____

_____

20___ • _____

_____

_____

_____

_____

20___ • _____

_____

_____

_____

_____

Where did you see the most beautiful NIGHT SKY in your life?

3

NOVEMBER

20___ • _____

_____

_____

_____

_____

20___ • _____

_____

_____

_____

_____

20___ • _____

_____

_____

_____

_____

NOVEMBER

Would you rather **EXPLORE** space or the deep ocean?

20___ • _____

_____

_____

_____

_____

20___ • _____

_____

_____

_____

_____

20___ • _____

_____

_____

_____

_____

Do you feel excited or nervous during TAKE-OFF?

NOVEMBER

20___ • _____

_____
_____
_____
_____

20___ • _____

_____
_____
_____
_____

20___ • _____

_____
_____
_____
_____

6

NOVEMBER

Describe how you feel when going through
AIRPORT SECURITY?

20 __ • _____

_____

_____

_____

_____

_____

20 __ • _____

_____

_____

_____

_____

20 __ • _____

_____

_____

_____

_____

Have you ever traveled for a
SPORTING EVENT?

7

NOVEMBER

20 __ • _____

_____

_____

_____

_____

20 __ • _____

_____

_____

_____

_____

20 __ • _____

_____

_____

_____

_____

8

NOVEMBER

Research shows that the HAPPINESS experienced from a vacation lasts one month. Do you agree with this?

20 ___ • _____

_____

_____

_____

_____

20 ___ • _____

_____

_____

_____

_____

20 ___ • _____

_____

_____

_____

_____

In Italy, throwing a penny into the TREVI FOUNTAIN is considered good luck. If you were there right now, what would you wish?

9

NOVEMBER

20___ • _____

_____

_____

_____

_____

20___ • _____

_____

_____

_____

_____

20___ • _____

_____

_____

_____

_____

10

NOVEMBER

Which APP do you find is the most useful while traveling?

20___ • _____

_____

_____

_____

_____

20___ • _____

_____

_____

_____

_____

20___ • _____

_____

_____

_____

_____

The reason why some people are born to travel may be genetic, called the "wanderlust gene." Who in your family INSPIRES you to travel?

NOVEMBER

20___ ◆ _____

_____

_____

_____

_____

_____

20___ ◆ _____

_____

_____

_____

_____

_____

20___ ◆ _____

_____

_____

_____

_____

_____

12

NOVEMBER

People who work while vacationing remember less of their vacations. Are you good at DISCONNECTING while on vacation?

20___ • _____

_____

_____

_____

_____

_____

20___ • _____

_____

_____

_____

_____

_____

20___ • _____

_____

_____

_____

_____

_____

Do you DECIDE with your head or your heart?

13

20___ • _____

_____

_____

_____

_____

_____

20___ • _____

_____

_____

_____

_____

_____

20___ • _____

_____

_____

_____

_____

_____

14

NOVEMBER

What takes your BREATH away?

20___ • _____

_____

_____

_____

_____

_____

20___ • _____

_____

_____

_____

_____

_____

20___ • _____

_____

_____

_____

_____

_____

What is the longest ROAD TRIP you have been on?

15

NOVEMBER

20 __ • _____

_____

_____

_____

_____

20 __ • _____

_____

_____

_____

_____

20 __ • _____

_____

_____

_____

_____

_____

16

NOVEMBER

**If you were hosting a MUSIC FESTIVAL,
where would it be and who would you invite?**

20___ • _____

_____

_____

_____

_____

20___ • _____

_____

_____

_____

_____

20___ • _____

_____

_____

_____

_____

Would you rather live in one place FOREVER or live in many places and move around?

20___ • _____

_____

_____

_____

_____

20___ • _____

_____

_____

_____

_____

20___ • _____

_____

_____

_____

_____

NOVEMBER

Which **INTERNATIONAL** store or restaurant do you wish existed in the country?

20___ • _____

_____

_____

_____

_____

_____

20___ • _____

_____

_____

_____

_____

_____

20___ • _____

_____

_____

_____

_____

_____

What is a great piece of TRAVEL ADVICE you have received?

19

NOVEMBER

20___ • _____

_____

_____

_____

_____

20___ • _____

_____

_____

_____

_____

20___ • _____

_____

_____

_____

_____

NOVEMBER

How do you feel in AIRPORTS?

20___ •

20___ •

20___ •

What do you take the most PICTURES of?

NOVEMBER

20___ •_____

_____

_____

_____

_____

_____

20___ •_____

_____

_____

_____

_____

_____

20___ •_____

_____

_____

_____

_____

_____

22

NOVEMBER

Where did you enjoy the best CHOCOLATE?

20 __ • _____

_____

_____

_____

_____

20 __ • _____

_____

_____

_____

_____

20 __ • _____

_____

_____

_____

_____

When was the last time you SWAM OUTDOORS? How did you feel?

NOVEMBER

20 __ • _____

_____

_____

_____

_____

20 __ • _____

_____

_____

_____

_____

20 __ • _____

_____

_____

_____

_____

24
NOVEMBER

If you had to create your own FOOD FESTIVAL, which food would be featured and where would you host your event?

20 __ • _____

_____

_____

_____

_____

20 __ • _____

_____

_____

_____

_____

20 __ • _____

_____

_____

_____

_____

Do you have an **EXERCISE ROUTINE** when you travel?

NOVEMBER

20___ •_____

_____

_____

_____

_____

20___ •_____

_____

_____

_____

_____

20___ •_____

_____

_____

_____

_____

26

NOVEMBER

What is the most USEFUL THING you have bought for your travels?

20___ •

_____

20___ •

_____

20___ •

_____

If you were asked to host a TRAVEL SHOW, what would be the name of your show?

NOVEMBER

20___ •

20___ •

20___ •

28

NOVEMBER

Write the first line of your **TRAVEL BOOK:**

20___ • _____

_____

_____

_____

_____

20___ • _____

_____

_____

_____

_____

20___ • _____

_____

_____

_____

_____

If you had a BLOG, what would it be about?

20 __ • _____

_____

_____

_____

_____

20 __ • _____

_____

_____

_____

_____

20 __ • _____

_____

_____

_____

_____

30

NOVEMBER

Ocean, RIVER, or lake?

20___ • _____

_____

_____

_____

_____

20___ • _____

_____

_____

_____

_____

20___ • _____

_____

_____

_____

_____

Someone in my FAMILY who I need to visit:

1

DECEMBER

20___ • _____

_____

_____

_____

_____

_____

20___ • _____

_____

_____

_____

_____

_____

20___ • _____

_____

_____

_____

_____

_____

2
DECEMBER

Someone who I would LOVE to visit because they live in _____ .

20___ • _____

_____

_____

_____

_____

_____

20___ • _____

_____

_____

_____

_____

_____

20___ • _____

_____

_____

_____

_____

_____

Do you prefer to stroll, hike, or run in nature?
When was the last time you VENTURED?

DECEMBER

20__ • _____

_____

_____

_____

_____

20__ • _____

_____

_____

_____

_____

20__ • _____

_____

_____

_____

_____

4

DECEMBER

The Dutch word *voorpret* is the happy
feeling you get before an **EXCITING** event.
How do you feel before going on vacation?

20___ •

20___ •

20___ •

While traveling, did you ever learn a word in another language that EXPRESSED something for which there's no word in English?

DECEMBER

20___ • _____

_____

_____

_____

_____

20___ • _____

_____

_____

_____

_____

20___ • _____

_____

_____

_____

_____

6

DECEMBER

What is a beloved **MOVIE** in an exotic place,
and where is it set?

20___ •

20___ •

20___ •

Describe a favorite PHOTO that you have taken while traveling.

DECEMBER

20___◆ _____

_____

_____

_____

_____

_____

20___◆ _____

_____

_____

_____

_____

_____

20___◆ _____

_____

_____

_____

_____

_____

8

DECEMBER

If money wasn't an issue, where would you
go on your **DREAM VACATION?**

20___ • _____

_____

_____

_____

_____

20___ • _____

_____

_____

_____

_____

20___ • _____

_____

_____

_____

_____

If you had to work for a **TRAVEL COMPANY**, what role would be best for you?

9

DECEMBER

20___ •

20___ •

20___ •

10

DECEMBER

The Norwegian word *utepils* means to sit
outside and enjoy a beer on a **SUNNY DAY.**
What do you like to do on a sunny day?

20___ •_____

_____

_____

_____

_____

20___ •_____

_____

_____

_____

_____

20___ •_____

_____

_____

_____

_____

Have you ever changed your ITINERARY mid-trip?

DECEMBER

20__ •_____

_____

_____

_____

_____

_____

20__ •_____

_____

_____

_____

_____

_____

_____

20__ •_____

_____

_____

_____

_____

_____

DECEMBER

If I wasn't BORN in my country, I would love to have been born in _____ .

20___ • _____

_____

_____

_____

_____

20___ • _____

_____

_____

_____

_____

20___ • _____

_____

_____

_____

_____

A city that I fell in LOVE with:

DECEMBER

20___ • _____

_____

_____

_____

_____

20___ • _____

_____

_____

_____

_____

20___ • _____

_____

_____

_____

_____

14

DECEMBER

The best SELFIE that I have taken while traveling:

20___ • _____

_____

_____

_____

_____

_____

20___ • _____

_____

_____

_____

_____

_____

20___ • _____

_____

_____

_____

_____

_____

The **BEST FLIGHT** experience was:

15

DECEMBER

20___ •_____

_____

_____

_____

_____

_____

20___ •_____

_____

_____

_____

_____

_____

20___ •_____

_____

_____

_____

_____

_____

16

DECEMBER

What motivates you to EXPLORE new places?

20___ •

20___ •

20___ •

Which great MONUMENT do you want to visit?

20___ •

20___ •

20___ •

18

DECEMBER

Have you cooked TRADITIONAL food with locals? If so, what did you make?

20___ ◆ _____

_____

_____

_____

_____

_____

20___ ◆ _____

_____

_____

_____

_____

_____

20___ ◆ _____

_____

_____

_____

_____

_____

What is a **TYPICAL** day in your life?

20___ • _____

_____

_____

_____

_____

20___ • _____

_____

_____

_____

_____

20___ • _____

_____

_____

_____

_____

20
DECEMBER

**Write a HAIKU about a place you wish
you could transport to today.**

20___ •_____

_____

_____

_____

_____

20___ •_____

_____

_____

_____

_____

20___ •_____

_____

_____

_____

_____

Would you RATHER take a day out of your vacation to travel, or take a red-eye or overnight bus?

21
DECEMBER

20___ • _____

_____

_____

_____

_____

20___ • _____

_____

_____

_____

_____

20___ • _____

_____

_____

_____

_____

22

DECEMBER

Is there something you might've done while traveling, but chose not to and always **WONDERED**, *what if*?

20___ •

_____

_____

_____

_____

_____

20___ •

_____

_____

_____

_____

_____

20___ •

_____

_____

_____

_____

_____

Are you usually EARLY or late?

23
DECEMBER

20___ •_____

_____

_____

_____

_____

_____

20___ •_____

_____

_____

_____

_____

_____

20___ •_____

_____

_____

_____

_____

_____

24

DECEMBER

Describe a day where **RAIN** ruined your plans,
but you still had fun anyway.

20___ • _____

_____

_____

_____

_____

_____

20___ • _____

_____

_____

_____

_____

_____

20___ • _____

_____

_____

_____

_____

_____

What is a fun way to spend a WEEKEND in your hometown?

DECEMBER

20___ • _____

_____

_____

_____

_____

20___ • _____

_____

_____

_____

_____

20___ • _____

_____

_____

_____

_____

DECEMBER

Where was the **FANCIEST BEDROOM** you ever stayed in?

20___ • _____

_____

_____

_____

_____

20___ • _____

_____

_____

_____

_____

20___ • _____

_____

_____

_____

_____

What is **STOPPING** you from traveling?

27

DECEMBER

20___ • _____

_____

_____

_____

_____

20___ • _____

_____

_____

_____

_____

20___ • _____

_____

_____

_____

_____

28

DECEMBER

What feeling do you experience when you read the word "VOYAGE"?

20___ • _____

_____

_____

_____

_____

20___ • _____

_____

_____

_____

_____

20___ • _____

_____

_____

_____

_____

Have you ever WOKEN UP in a place and not known where you were? Where was it?

29
DECEMBER

20___ •

20___ •

20___ •

30

DECEMBER

Write down a memorable experience
going through CUSTOMS.

20___ • _____

_____

_____

_____

_____

20___ • _____

_____

_____

_____

_____

20___ • _____

_____

_____

_____

_____

Where do you want to have traveled to by this time NEXT YEAR?

DECEMBER

20___ • _____

_____

_____

_____

_____

20___ • _____

_____

_____

_____

_____

20___ • _____

_____

_____

_____

_____

_____

Published in the United States by Clarkson Potter/
Publishers, an imprint of Random House, a division of
Penguin Random House LLC, New York.

clarksonpotter.com

CLARKSON POTTER is a trademark and POTTER
with colophon is a registered trademark of
Penguin Random House LLC.

ISBN 978-1-9848-2691-6

Printed in China

Book design by Laura Palese

10 9 8 7 6 5 4 3 2 1

First Edition